Salattu suru

Karri Kokko

Salattu suru

Lyhyttavara

Lämmin kiitos Salatun surun sanoittajalle Kari
Tuomisaarelle

Tekijän työtä ovat tukeneet Koneen Säätiö,
WSOY:n kirjallisuussäätiö ja Taiteen
edistämiskeskus.

Kansi ja taitto: Joonas Sojakka

Kustantaja:
BoD - Books on Demand, Helsinki, Suomi
Valmistaja:
BoD - Books on Demand, Norderstedt, Saksa

Julkaisija:
Lyhyttavara
Helsinki
2019

ISBN: 978-952-800-823-1

I wake up every morning. I open my eyes
and think: here we go again.

Andy Warhol

Salattu suru

Vaikka vuokses sain
surun suuren vain, sen kestän.
Mitä tunnen, sen
muita huomaamasta estän.

Voiko näyttää mies
tätä taakkaa surun,
ei, jos yksin jäänen,
sydän vaikeroi,
mutta vaiennan sen äänen.

Suru sydämen,
se on salaisuus,
vain salaisuus.

Kaikki haaveet haihtuvat
yksi kerrallaan.
Niistä muistot himmeät vain
nyt enää saan.

Voiko näyttää mies
tätä taakkaa surun,
ei, jos yksin jäänen,
sydän vaikeroi,
mutta vaiennan sen äänen.

1.9.2009 klo 18.55

Salattu suru

Vaikka vuokses sain
surun suuren vain, sen kestän.
Mitä tunnen, sen
muita huomaamasta estän.

Voiko näyttää mies
tätä taakkaa surun,
ei, jos yksin jäänen,
sydän vaikeroi,
mutta vaiennan sen äänen.

Suru syämen,
se on salaisuus,
vain salaisuus.

Kaikki haaveet haihtuvat
yksi kerrallaan.
Niistä muistot himmeät vain
nyt enää saan.

Voiko näyttää mies
tätä taakkaa surun,
ei, jos yksin jäänen,
sydän vaikeroi,
mutta vaiennan sen äänen.

2.9.2009 klo 11.40

Salattu suru

Vaikka vuokses sain
surun suuren vain, sen kestän.
Mitä tunnen, sen
muita huomaamasta estän.

Voiko   näyttää mies
tätä taakkaa surun,
ei, jos yksin jäänen,
sydän vaikeroi,
mutta vaiennan sen äänen.

Suru sydämen,
se on salaisuus,
vain salaisuus.

Kaikki haaveet haihtuvat
yksi kerrallaan.
Niistä muistot himmeät vain
nyt enää saan.

Voiko näyttää mies
tätä taakkaa surun,
ei, jos yksin jäänen,
sydän vaikeroi,
mutta vaiennan sen äänen.

3.9.2009 klo 16.12

Salattu suru

Vaikka vuokses vain
surun suuren sain, sen kestän.
Mitä tunnen sen
muita huomaamasta estän.

Voiko näyttää mies
tätä   taakkaa surun,
ei, jos yksin jäänen,
sydän vaikeroi,
mutta vaiennan sen äänen.

Suru sydämen,
se on salaisuus,
vain salaisuus.

Kaikki haaveet haihtuvat
yksi kerrallaan.
Niistä muistot himmeät vain
nyt enää   saan.

Voiko näyttää mies
tätä taakkaa surun,
ei, jos yksin jäänen,
sydän vaikeroi,
mutta vaiennan sen äänen.

4.9.2009 klo 14.14

Salattu suru

Vaikka vuokses sain
surun suuren vain, sen kestän.
Mitä tunnen, sen
muita huomaamasta estän.

Voiko näyttää mies
tätä taakkaa surun,
ei, jos yksin jäänen,
sydän vaikeroi,
mutta vaiennan sen äänen.

Suru sydämen,
se on salaisuus,
vain salaisuus.

Kaikki haaveet haihtuvat
yksi kerrallaan.
Niistä muistot himmeät vain
nyt enää saan.

Voiko näyttää mies
tätä taakkaa surun,
ei, jos yksin jäänen,
sydän vaikeroi,
mutta vaiennan sen äänen.

5.9.2009 klo 19.43

Salattu suru

Vaikka vuokses sain
surun suuren vain, sen kestän.
Mitä tunnen, sen
muita huomaamasta estän.

Voiko näyttää mies
tätä taakkaa surun,
ei, jos yksin jäänen,
sydän vaikeroi,
mutta vaiennan sen äänen.

Suru sydämen,
se on salaisuus,
vain salaisuus.

Kaikki haaveet haihtuvat
yksi kerrallaan.
Niistä muistot himmeät vain
nyt enää saan.

Voiko näyttää mies
tätä taakkaa surun,
ei, jos yksin jäänen,
sydän vaikeroi,
mutta vaiennan sen äänen.

6.9.2009 klo 20.54

Salattu suru

Vaikka vuokses sain
surun suuren vain, sen kestän.
Mitä tunnen, sen
muita huomaamasta estän.

Voiko näyttää mies tätä
taakkaa surun,
ei, jos yksin jäänen,
sydän vaikeroi,
mutta vaiennan sen äänen.

Suru sydämen,
se on salaisuus,
vain salaisuus.

Kaikki haaveet haihtuvat
ykai kerrallaan.
Niistä muistot himmeät vain
nyt ehää saan.

Voiko näyttää mies
tätä taakkaa surun,
ei, jos yksin jäänen,
sydän vaikeroi,
mutta vaiennan sen äänen.

7.9.2009 klo 20.29

Salattu suru

Vaikka vuokses sain
surun suuren vain, sen kestän.
Mitä tunnen, sen
muita huomaamasta estän.

Voiko näyttää mies tätä
taakkaa surun,
ei, jos yksin jäänen,
sydän vaikeroi,
mutta vaiennan sen äänen.

Suru sydämen,
se on salaisuus,
vain salaisuus.

Kaikki haaveet haihtuvat
yksi kerrallaan.
Niistä muistot himmeät vain
nyt enää saan.

Voiko näyttää mies
tätä taakkaa surun,
ei, jos yksin jäänen,
sydän vaikeroi,
mutta vaiennan sen äänen.

Salattu suru

Vaikka vuokses sain
surun suuren vain, sen kestän.
Mitä tunnen, sen
muita huomaamasta estän.

Voiko näyttää mies
tätä taakkaa surun,
ei, jos yksin jäänen,
sydän vaikeroi,
mutta vaiennan sen äänen.

Suru sydämen,
se on salaisuus,
vain salaisuus.

Kaikki haavaet haihtuvat
yksi kerrallaan.
Niistä muistot himmeät vain
nyt enää saan.

Voiko näyttää mies
tätä taakkaa surun,
ei, jos yksin jäänen,
sydän vaikeroi,
mutta vaiennan sen äänen.

9.9.2009 klo 16.05

Salattu suru

Vaikka vuokses sain
surun suuren vain, sen kestän.
Mitä tunnen, sen
muita huomaamasta estän.

Voiko näyttää mies
tätä taakkaa surun,
ei, jos yksin jäänen,
sydän vaikeroi,
mutta vaiennan sen äänen.

Suru sydänen,
se on salaisuus,
vain salaisuus.

Kaikki haaveet haihtuvat
yksi kerrallaan.
Niistä muistot himmeät vain
nyt enää saan.

Voiko näyttää mies
tätä taakkaa surun,
ei, jos yksin jäänen,
sydän vaikeroi,
mutta vaiennan sen äänen.

10.9.2009 klo 22.13

Salattu suru

Vaikka vuokses sain
surun suuren vain, sen kestän.
Mitä tunnen, sen
muita huomaamasta estän.

Voiko näyttää mies
tätä taakkaa surun,
ei, jos yksin jäänen,
sydän vaikeroi,
mutta vaiennan sen äänen.

Suru sydämen,
se on salaisuus,
vain salaisuus.

Kaikki haaveet haihtuvat
yksi kerrallaan.
Niistä muistot himmeät vain
nyt enää saan.

Voiko näyttää mies
tätä taakkaa surun,
ei, jos yksin jäänen,
sydän vaikeroi,
mutta vaiennan sen äänen.

11.9.2009 klo 20.43

Salattu suru

Vaikka vuokses sain
surun suuren vain, sen kestän.
Mitä tunnen, sen
muita huomaamasta estän.

Voiko näyttää mies
tätä taakkaa surun,
ei, jos yksin jäänen,
sydän vaikeroi,
mutta vaiennan sen äänen.

Suru sydämen,
se on salaisuus,
vain salaisuus.

Kaikki haaveet haihtuvat
yksi kerrallaan.
Niistä muistot himmeät vain
nyt enää saan.

Voiko näyttää mies
tätä taakkaa surun,
ei, jos yksin jäänen,
sydän vaikeroi,
mutta vaiennan sen äänen.

13.9.2009 klo 18.56

Salattu suru

Vaikka vuokses sain surun
suuren vain, sen kestän.
Mitä tunnen, sen muita
huomaamasta estän.

Voiko näyttää mies tätä
taakkaa surun,
ei, jos yksin jäänen,
sydän vaikeroi, mutta
vaiennan sen äänen.

Suru sydämen,
se on salaisuus,
vain salaisuus.

Kaikki haaveet haihtuvat
yksi kerrallaan.
Niistä muistot himmeät vain
nyt enää saan.

Voiko näyttää   mies tätä
taakkaa surun,
ei, jos yksin jäänen,
sydän vaikeroi,
mutta vaiennan sen äänen.

14.9.2009 klo 15.00

Salattu suru

Vaikka vuokses sain surun
suuren vain, sen kestäm.
Mitä tunnen, sen muita
huomaamasta estän.

Voiko näyttää mies tätä
taakkaa surun,
ei, jos yksin jäänen,
sydän vaikeroi,
mutta vaiennan sen äänen.

Suru sydämen,
se on salaisuus,
vain salaisuus.

Kaikki haaveet haihtuvat
yksi kerrallaan.
Niistä muistot himmeät vain
nyt enää saan.

Voiko näyttää mies
tätä taakkaa surun,
ei, jos yksin jäänen,
sydän vaikeroi,
mutta vaiennan sen äänen.

15.9.2009 klo 14.52

Salattu suru

Vaikka vuokses sain surun
suuren vain, sen kestän.
Mitä tunnen, sen muita
huomaamasta estän.

Voiko näyttää mies tätä
taakkaa surun,
ei, jos yksin jäänen,
sydän vaikeroi,
mutta vaiennan sen äänen.

Suru sydämen,
se on salaisuus,
vain salaisuus.

Kaikki haaveet haihtuvat
yksi kerrallaan.
Niistä muistot himmeät
vain nyt enää saan.

Voiko näyttää mies tätä
taakkaa surun,
ei, jos yksin jäänen,
sydän vaikeroi,
mutta vaiennan sen äänen.

16.9.2009 klo 12.25

Salattu suru

Vaikka vuokses sain surun
suuren vain, sen kestän.
Mitä tunnen, sen muilta
huomaamasta estän.

Voiko näyttää mies tätä
taakkaa surun,
ei, jos yksin jäänen,
sydän vaikeroi,
mutta vaiennan sen äänen.

Suru sydämen,
se on salaisuus,
vain salaisuus.

Kaikki haaveet haihtuvat
yksi kerrallaan.
Niistä muistot himmeät
vain nyt enää saan.

Voiko näyttää mies tätä
taakkaa surun,
ei, jos yksin jäänen,
sydän vaikeroi,
mutta vaiennan sen äänen.

17.9.2009 klo 14.05

Salattu suru

Vaikka vuokses sain surun
suuren vain, sen kestän.
Mitä tunnen, sen muita
huomaamasta estän.

Voiko näyttää mies tätä
taakkaa surun, ei,
jos yksin jäänen,
sydän vaikeroi, mutta
vaiennan sen äänen.

Suru sydämein,
se on salaisuus,
vain salaisuus.

Kaikki haaveet haihtuvat
yksi kerrallaan.
Niistä muistot himmeät
vain nyt enää saan.

Voiko näyttää mies´tätä
taakkaa surun, ei,
jos yksin jäänen,
sydän vaikeroi, mutta
vaiennan sen äänen.

18.9.2009 klo 11.01

Salattu suru

Vaikka vuokses sain surun
suuren vain, sen kestän.
Mitä tunnen, sen muita
huomaamasta estän.

Voiko näyttää mies tätä
taakkaa surun, ei,
jos yksin jäänen,
sydän vaikeroi, mutta
vaiennan sen äänen.

Suru sydämein,
se on salaisuus,
vain salaisuus.

Kaikki haaveet haihtuvat
yksi kerrallaan.
Niistä muistot himmeät
vain nyt enää saan.

Voiko näyttää mies tätä
taakkaa surun, ei,
jos yksin jäänen,
sydän vaikeroi, mutta
vaiennan sen äänen.

19.9.2009 klo 11.03

Salattu suru

Vaikka vuokses sain surun
suuren vain, sen kestän.
Mitä tunnen, sen muilta
huomaamasta estän.

Voiko näyttää mies tätä
taakkaa surun, ei,
jos yksin jäänen,
sydän vaikeroi, mutta
vaiennan sen äänen.

Suru sydämein,
se on salaisuus,
vain salaisuus.

Kaikki haaveet haihtuvat
yksi kerrallaan.
Niistä muistot himmeät vain
nyt enää saan.

Voiko näyttää mies tätä
taakkaa surun, ei,
jos yksin jäänen,
sydän vaikeroi, mutta
vaiennan sen äänen.

20.9.2009 klo 14.49

Salattu suru

Vaikka vuokses sain surun
suuren vain, sen kestän.
Mitä tunnen, sen muita
huomaamasta estän.

Voiko näyttää mies tätä x
taakkaa surun, ei,
jos yksin jäänen,
sydän vaikeroi, mutta
vaiennana sen äänen.

Suru sydämein,
se on salaisuus,
vain salaisuus.

Kaikki haaveet haihtuvat
yksi kerrallaan.
Niistä muistot himmeät
vain nyt enää saan.

Voiko näyttää mies tätä
taakkaa surun, ei,
jos yksin jäänen,
sydän vaikeroi,
mutta vaiennan sen äänen.

21.9.2009 klo 9.53

Salattu suru

Vaikka vuokses sain surun
suuren vain, sen kestän.
Mitä tunnen, sen muita
huomaamasta estän.

Voiko näyttää mies tätä
taakkaa surun, ei,
jos yksin jäänen,
sydän vaikeroi, mutta
vaiennan sen äänen.

Suru sydämein,
se on salaisuus,
vain salaisuus.

Kaikki haaveet haihtuvat
yksi kerrallaan.
Niistä muistot himmeät
vain nyt enää saan.

Voiko näyttää mies tätä
taakkaa surun, ei,
jos yksin jäänen,
sydän vaikeroi, mutta
vaiennan sen äänen.

22.9.2009 klo 12.02

Salattu suru

Vaikka vuokses sain surun
suurenn´ vain sen kestän.
Mitä tunnen, sen muilta
huomaamasta estän.

Voiko näyttää mies tätä kä
taakkaa surun, ei,
jos yksin jäänen,
sydän vaikeroi, mutta
vaiennan sen äänen.

Suru sydämein,
se on salaisuus,
vain salaisuus,

Kaikki haaveet haihtuvat
yksi kerrallaan.
Niistä muistot himmeät
vain nyt enää saan.

Voiko näyttää mies tätä
taakkaa surun, ei,
jos yksin jäänen,
sydän vaikeroi, mutta
vaiennan sen äänen.

23.9.2009 klo 12.26

Salattu suru

Vaikka vuokses sain
surun suuren vain
sen kestän
Mitä tunnen sen
muita huomaamasta
estän

Voiko näyttää mies
tätä taakkaa surun
ei, jos yksin jäänen
sydän vaikeroi
mutta vaiennan sen äänen

Suru sydämein
se on salaisuus
vain salaisuus

Kaikki haaveet haihtuvat
yksi kerrallaan
niistä muistot himmeät
vain nyt enää saan

Voiko näyttää mies
tätä taakkaa surun
ei, jos yksin jäänen
sydän vaikeroi
mutta vaiennan sen äänen

24.9.2009 klo 10.19

Salattu suru

Vaikka vuokses sain surun
suuren vain, sen kestän.
Mitä tunnen, sen muita
huomaamasta estän.

Voiko näyttää mies tätä
taakkaa surun, ei,
jos yksin jäänen,
sydän vaikeroi, mutta
vaiennan sen äänen.

Suru sydämein,
se on salaisuus,
vain salaisuus.

Kaikki haaveet haihtuvat
yksi kerrallaan.
Niitsä muistot himmeät vain
nyt enää saan.

Voiko näyttää mies tätä
taakkaa surun, ei,
jos yksin jäänen,
sy än vaikeroi, mutta
vaiennan sen äänen.

28.9.2009 klo 10.34

Salattu suru

Vaikka vuokses sain
surun suuren vain, sen kestän.
Mitä tunnen, sen
muita huomaamasta estän.

Voiko näyttää mies
tätä taakkaa surun,
ei, jos yksin jäänen,
sydän vaikeroi,
mutta vaiennannsen äänen.

Suru sydämein,
se on salaisuus,
vain salaisuus.

Kaikki haaveet haihtuvat
yksi kerrallaan.
Niistä muistot himmeät
vain nyt enää saan.

Voiko näyttää mies
tätä taakkaa surun,
ei, jos yksin jäänen,
sydän vaikeroi,
mutta vaiennan sen äänen.

29.9.2009 klo 11.14

Salattu suru

Vaikka vuokses sain
surun suuren vain, sen kestän.
Mitä tunnen sen
muita huomaamasta estän.

Voiko näyttää mies
tätä taakkaa surun,
ei, jos yksin jäänen,
sydän vaikeroi,
mutta vaiennan sen äänen.

Suru sydämein,
se on salaisuus,
vain salaisuus.

Kaikki haaveet haihtuvat
yksi kerrallaan.
Niistä muistot himmeät
vain nyt enää saan.

Voiko näyttää mies
tätä taakkaa surun,
ei, jos yksin jäänen,
sydän vaikeroi,
mutta vaiennan sen äänen.

30.9.2009 klo 9.25

Salattu suru

Vaikka vuokses sain
surun suuren vain, sen kestän.
Mitä tunnen, sen
muita huomaamasta estän.

Voiko näyttää mies
tätä taakkaa surun,
ei, jos yksin jäänen,
sydän vaikeroi,
mutta vaiennan sen äänen.

Suru sydämein,
se on salaisuus,
vain salaisuus.

Kaikki haaveet haihtuvat
yksi kerrallaan.
Niistä muistot himmeät
vain nyt enää saan.

voiko näyttää mies/tätä taakkaa
surun,
ei, jos yksin jäänen,
sydän vaikeroi,
mutta vaiennan sen äänen.

1.10.2009 klo 10.38

Salattu suru

Vaikka vuokses sain
surun suuren vain, sen kestän.
Mitä tunnen, sen
muita huomaamasta   estän.

Voiko näyttää mies
tätä taakkaa surun,
ei, jos yksin jäämen,
sydän vaikeroi,
mutta vaiennan sen äänen.

Suru sydämein,
se on salaisuus,
vain salaisuus.

Kaikki haaveet haihtuvat
yksi kerrallaan.
Niitä muistot himmeät
vain nyt enää saan.

Voiko näyttää mies/tätä taakkaa surun,
ei, jos yksin jäänen,
sydän vaikeroi,
mutta vaiennan sen äänen.

Salattu suru

Vaikka vuokses sain surun
suuren vain, sen kestän.
Mitä tunnen, sen muita
huomaamasta estän.

Voiko näyttää mies tätä
taakkaa surun, ei,
jos yksin jäänen,
sydän vaikeroi, mutta
vaiennan sen äänen.

Suru sydämein,
se on salaisuus,
vain salaisuus.

Kaikki haaveet haihtuvat
yksi kerrallaan.
Niistä muistot himmeät
vain nyt enää saan.

Voiko näyttää mies tätä
taakkaa surun, ei,
jos yksin jäänen,
sydän vaikeroi, mutta
vaiennan sen äänen.

3.10.2009 klo 10.44

Salattu suru

Vaikka vuokses sain surun
suuren vain, sen kestän.
Mitä tunnen, sen muita
huomaamasta estän.

Voiko näyttää mies tätä
taakkaa surun, ei,
jos yksin jäänen,
sydän vaikeroi, mutta
vaiennan sen äänen.

Suru sydämein,
se on salaisuus,
vain salaisuus,

Kaikki haavett haihtuvat
yksi kerrallaan.
Niistä muistot himmeät
vain nyt enää saan.

Voiko näyttää mies tätä
taakkaa surun, ei,
jos yksin jäänen,
sydän vaikeroi, mutta
vaiennans sen äänen.

4.10.2009 klo 13.50

Salattu suru

Vaikka vuokses sain surun
suuren vain, sen kestän.
Mitä tunnen, sen muita
huomaamasta estän.

Voiko näyttää mies tätä
taakkaa surun, ei, jos
yksin jäänen,
sydän vaikeroi, mutta
vaiennan sen äänen.

Suru sydämein,
se on salaisuus,
vain salaisuus.

Kaikki haaveet haihtuvat
yksi kerrallaan.
Niitä muistot himmeät
vain nyt enää saan.

Voiko näyttää mies tätä
taakkaa surun, ei,
jos yksin jäänen,
sydän vaikeroi,
mutta vaiennan sen äänen.

5.10.2009 klo 20.01

Salattu suru

Vaikka vuokses sain surun
suuren vain, sen kestän.
Mitä tunnen, sen muita
huomaamasta estän.

Voiko näyttää mies tätä
taakkaa surun, ei,
jos yksin jäänen,
sydän vaikeroi, mutta
vaiennan sen äänen.

Suru sydämein,
se on salaisuus,
vain salaisuus,

Kaikki haaveet haihtuvat
yksi kerrallaan.
Niistä muistot himmeät
vain nyt enää saan.

Voiko näyttää mies tätä
taakkaa surun, ei,
jos yksin jäänen,
sydän vaikeroi, mutta
vaiennan sen äänen.

6.10.2009 klo 11.49

Salattu suru

Vaikka vuokses sain surun
suuren vain, sen kestän.
Mitä tunnen, sen muita
huomaamasta estän.

Voiko näyttää mies tärä
taakkaa surun, ei,
jos yksin jäänen,
sydän vaikeroi, mutta
vaiennan sen äänen.

Suru sydämein,
se on salaisuus,
vain salaisuus.

Kaikki haaveet haihtuvat
yksi kerrallaan.
Niistä muistot hämmeät
vain nyt enää saan.

Voiko näyttää mies tätä
taakkaa surun, ei,
jos yksin jäänen,
sydän vaikeroi,
mutta vaiennan sen äänen.

7.10.2009 klo 17.22

Salattu suru

Vaikka vuokses sain
    suwun suuren vain
        sen kestän.

Mitä tunnen sen
    muita huomaamas-
        ta estän.

Voiko näyttää mies
tätä taakkaa surun
    ei jos yksin jäänen
sydän vaikeroi mutta
    vaiennan sen äänen.

Suru sydämein
    se on salaisuus
        vain salaisuus

Kaikki haaveet haih-
    tuvat yksi ker-
        ral-laa-aan.
Mitstä muistot him-
    meät vain nyt
        enää saan.

Voiko näyttää   mies
tätä taakkaa surun
    ei jos yksin jäänen
sydän vaikeroi
    mutta vaiennan sen äänen.

8.10.2009 klo 12.08

Salattu suru

Vaikka vuokses sain surun
suuren vain, sen kestän.
Mitä tunnen, sen muita
huomaamasta estän.

Voiko näyttää mies tätä
taakkaa surun, ei,
jos yksin jäänen,
sydän vaikeroi, mutta
vaiennan sen äänen.

Suru sydämein,
se on salaisuus,
vain salaisuus.

Kaikki haaveet haihtuvat
yksi kerrallaan.
Niistä muistot himmeät
vain nyt enää saan.

Voiko näyttää mies tätä
taakkaa surun, ei,
jos yksin jäänen,
sydän vaikeroi, mutta
vaiennan sen äänen.

9.10.2009 klo 12.24

Salattu suru

Vaikka vuokses sain surun
suuren vain, sen kestän.
Mitä tunnen, sen muita
huomaamasta estän.

Voiko näyttää mies tätä
taakkaa surun, ei,
jos yksin jäänen,
sydän vaikeroi, mutta
vaiennan se äänen.

Suru sydämein,
se on salaisuus,
vain salaisuus.

Kaikki haaveet haihtuvat
yksi kerrallaan.
Niistä muistot himmät vain
nyt enää saan.

Voiko näyttää mies tätä
taakkaa surun, ei,
jos yksin jäänen,
sydän vaikeroi, mutta
vaiennan sen äänen.

12.10.2009 klo 14.34

Salattu suru

Vaikka vuokses sain surun
    suuren vain, sen kestän.
Mitä tunnen, sen muita
    huomaamasta estän.

Voiko näyttää mies tätä
    taakkaa surun, ei,
jos yksin jäänen,
    sydän vaikeroi,
mutta vaiennan sen äänen.

Suru sydämein,
    se on salaisuus,
vain salaisuus.

Kaikki haaveet haihtuvat
    yksi kerrallaan.
Niissä muitot himmeät
    vain nyt enää saan.

Voiko näyttää mies tätä
    taakkaa surun, ei,
jos yksin jäänen,
    sydän vaikeroi,
mutta vaiennan sen äänen.

13.10.2009 klo 10.09

Salattu suru

                    vain
Voiko   jos   kestän.
     sain,   mutta   on   sen
haihtuvat mies   Vaikka
     Mitä   äänen.
vaikeroi,   surun   näyttää
                 vaiennan
   vuokses   estän.   sen   vain
tätä
            suuren   ei,   sydän
                                  salaisuus,
         taakkaa   se   tunnen,
                 haaveet
             muita   Suru
yksin   yksi   jäänen,
                 surun,
   sen   sydämein,   nyt   Niistä

      salaisuus,   huomaamasta   vain
         Kaikki   yksin
                      saan.
näyttää   himmeät   kerrallaan.
   muistot   ei,   tätä
            enää   taakkaa
       mies   jäänen,
   sen   surun,   Voiko
                                  vaiennan
        jos   sydän   mutta
   vaikeroi,   äänen.

14.10.2009 klo 13.48

Salattu suru

                    tun
    tän.
          tä   es
    run   veet
              Vaik   jää
                                               taak
          nen,
    ka   tä   Voi
          kes   tä
    kaa
                    mies   suu   ää
              vuok
nen   ta   tän.   haih
          ko
    ren   sen   tää   ses
          tä   sen   tä   näyt
    sain   mas   sin   ta
haa
          Mi   tu   su   vain,   roi,
                                                    mies
    huo   mui   taak   tää   sy
        su   rin,   maa   run,   sen
yk   dän   su
              ä   ei,   vat   ke   näyt
          kaa   ke
                    mut   ke   jos
    ta   ki   nan   yk
              vai
                si   me   nen.   Niis   vai
        vai   ral   en   ei,
    jos   Kaik   e   tot   ko
ker   tä   en   laan.   vain   vai
    nää   him   Voi
sy   muis   nyt
                nan   ta   däm
          saan.   yk   ta   jää
      sin   nen,   ää
    roi,
              sen   mut
                                            nen.

15.10.2009 klo 10.50

Salattu suru

            kerrallaan.   tunnen,
                          näyttää
    sen   Niistä
        mies   Vaikka   jos
    Mitä   äänen.   saan.
            Voiko   surun
                                              jäänen,
                    sen   mies
    vuokses
                              yksin   salaisuus.
        muita   ei,   sain
            kestän.   vaiennan
            tätä   se   huomaamasta
                                              enää
        suuren   surun,   vain
        estän.   mutta   Suru   on
                        vain,
        sydämein,   salaisuus,   nyt
    sen   ei,
            vaikeroi,   Voiko   vain
                        jos
    sydän   taakkaa   näyttää
                            haaveet
    muistot   himmeät
        yksin   sydän   tätä   vaikeroi,
            mutta   haihtuvat   äänen.
    surun,   Kaikki   jäänen,
                yksi
                                  taakkaa
        vaiennan   sen

16.0.2009 klo 19.34

Salattu suru

Vaikka vuokses sain surun
suuren vain, sen kestän.
Mitä turnen, sen muita
huomaamasta estän.

Voiko näyttää mies tätä
taakkaa surun, ei,
jos yksin jäähen,
sydän vaikeroi, mutta
vaiennan sen äänen.

Suru sydämein,
se on salaisuus,
vain salaisuus

Kaikki haaveet haihtuvat
yksi kerrallaan.
Niistä muistot himmeät
vain nyt enää saan.

Voiko näyttää mies tätä
taakkaa surun, ei,
jos yksin jäähen,
sydän vaikeroi, mutta
vaiennan sen äänen.

17.10.2009 klo 18.44

Salattu suru

Vaikka vuokses sain surun suuren vain, sen kestän.
Mitä tunnen sen muita huomaamasta estän.

Voiko näyttää mies tätä taakkaa surun, ei, jos yksin
jäänen, sydän vaikeroi, mutta vaiennan sen äänen.

Suru sydämein, se on salaisuus, vain salaisuus.

Kaikkin haaveet haihtuvat yksi kerrallaan. Niistä
muistot himeät vain nyt enää saan.

Voiko näyttää mies tätä taakkaa surun, ei jos yksin
jäänen, sydänn vaikeroi, mutta vaienann sen äänen.

20.10.2009 klo 11.04

Salattu suru

Vaikka vuokses sain
   surun suuren vain
      sen kestän.

Mitä tunnen sen
   muita huomaamas-
      ta estän.

Voiko näyttää mies tätä
   taakkaa surun,
      ei jos yksin jäänen
sydän vaikeroi mutta
   vaiennan sen äänen.

Suru sydämein
   se on salaisuus
      vain salaisuus.

Kaikki haaveet haih-
   tuvat yksi ker-
      rallaa-aan.
Niistä muistot him-
   meät vain nyt e-
      nää saa-aan.

Voiko näyttää mies tätä
   taakkaa surun,
      ei jos yksin jäänen
sydän vaikeroi mutta
   vaiennan sen äänen.

21.10.2009 klo 19.15

Salattu suru

ei ei
enää
estän
haaveet
haihtuvat
himmeät
huomaamasta
jos jos
jäänen jäänen
kaikki
kerrallaan
kestän
mies mies
mitä
muistot
muita
mutta mutta
niistä
nyt
näyttää näyttää
on
saan
sain
salaisuus salaisuus
sen sen sen sen / se
suru
surun surun surun
suuren
sydämein
sydän sydän
taakkaa taakkaa
tunnen
tätä tätä
vaiennan vaiennan
vaikeroi vaikeroi
vaikka
vain vain vain
voiko voiko
vuokses
yksi
yksin yksin
äänen äänen

Salattu suru

suuren vain
Vaikkka
        vuokses sain
                    surun   sen kestän

                                              estän
        Mitä tunnen sen

                        muita huomaa masta

Voiko näyttää   tätä taakkaa
              mies
                                    surun

      ei jos yksi
                  jäänen   sydä n vaikeroi

              mutta vaiennan   äänen
                              sen
Suru sydämein   s alaisuus
              se on
                              vain salaisuus

Kaikki haaveet haihtuvat
    niistä muistot   yksi kerrallaan
                  himmeät vain
                              nyt ehää saan
      Voiko näyttää mies
                      tätä taakkaa
                                        surun ei
                  jäänen
      jos yksin
                      sydän vaikeroi
                                    mutta
    vaiennan
              sen äänen

23.10.2016 klo 13.07

Salattu suru

      sen/
äänen vaiennan mutta vaikeroi sydän
jäänen yksin jos ei muiston taakkaa
   tätä mies näyttää voiko

                  n/
saan enää nyt vai himmeät muistot niistä
kerrallaan yksi haihtuvat haaveet kaikki

salaisuus vain salaisuus on se sydämen suru

äänen sen vaiennan mutta vaikeroi sydän
jäänen yksin jos ei surun taakkaa tätä
   mies näyttää voiko

estän huomaamasta muita sen tunnen mitä
kestän sen vain suuren surun sain vuokses vaikka

26.10.2016 klo 15.16

Salattu suru

Vaikka vuokses sain surun suuren vain sen kestän.

Mitä tunnen sen muita huomaamasta estän.

Voiko näyttää mies tätä taakkaa surun ei jos yksin

jäänen sydän vaikeroi mutta vaiennan sen äänen.

Suru sydämein se on salaisuus vain salaisuus.

Kaikki haavetta haihtuvat yksi kerrallaan.

Niistä muistot himmeät vain nyt enää saan.

Voiko näyttää mies tätä taakkaa surun ei jos yksin

jäänen sydän vaikeroi mutta vaiennan sen äänen.

28.10.2016 klo 11.55

Jälkisana

Syksyllä 2009 vietin kaksi kuukautta Koneen Säätiön residenssissä Saaren kartanossa. Ensimmäisenä päivänä purin tavarat ja järjestin työtilani. Olin varustautunut kunnolla. Tavanomaisen tietotekniikan ja toimistotarvikkeiden lisäksi työkaluihini kuului valkoinen Erika-merkkinen matkakirjoituskone, jonka olin ostanut käytettynä Turun Martista. Sille piti keksiä käyttöä.

Residenssiin hakevalla on useimmiten tiedossaan jokin erityinen projekti: esimerkiksi runokokoelma, romaani tai käännös, joka kaipaa viime silausta. Itse olin ajatellut kuluttaa aikani epämääräisesti runoja kirjoittamalla. Toisaalta työhön oli päästävä käsiksi heti. Residenssi on rajallinen, eikä inspiraatiota kannata jäädä odottelemaan. Ajattelin, että päivittäin toistuva rutiini pitäisi koneen käynnissä ja toisi työskentelyyn jatkuvuutta. Minulla oli hyviä kokemuksia pitkistä, rutiineihin perustuvista hankkeista, ja oli jännittävä nähdä, mihin "tylsä" toisto tällä kertaa johtaisi.

Katselin Erikaani. Siitä, miten ajatuksenjuoksu lopulta meni, minulla ei ole tarkkaa muistikuvaa. Joka tapauksessa mietin tuohon aikaan paljon Kenneth Goldsmithin käsitteellisiä projekteja ja epäluovan kirjoittamisen periaatteita, joihin kuului muun muassa toisten tuottamien tekstien kopioiminen. Entä jos kopioisin jotain kirjoituskonetta naputtelemalla? Kirjoituskoneella toteutettu jäljentäminen olisi ilman muuta "epäluovaa", mutta analogisuutensa vuoksi silti "luovempaa" kuin digitaalinen leikkely ja liimaaminen.

Ajattelin konseptualismin toista veteraania On Kawaraa ja hänen vuosien ja vuosikymmenten mittaisista päivittäisistä toistoista koostuvia projektejaan. (Yksi projekteista oli, että taiteilija lähetti joka päivä ystävilleen postikortteja, joiden ainoa sisältö kuului: "I am still alive.") Entä jos jatkuvan "uuden" kopioimisen sijaan jäljentäisinkin joka päivä saman tekstin, ja mikä teksti se siinä tapauksessa olisi? Ajattelin laulujen sanoituksia. Laulu oli pituudeltaan sopiva ja yksinkertainen kokonaisuus ja mahtui yhdelle paperiliuskalle. Jokin vanha tuttu iskelmä kelpaisi hyvin. Se olisi helppoa ja vaivatonta, tai niin ainakin kuvittelin.

Ensimmäinen residenssipäivä kului reippaasti, ja ratkaisu oli tehtävä. Jostain pälkähti päähäni ensin Dannyn 1966 ja sittemmin Topi Sorsakosken ja Agents-yhtyeen 1986 julkaisema iskelmä nimeltään "Salattu suru". Kyseessä oli ajan tapaan käännösversio, tässä tapauksessa brittiläisen rautalankayhtyeen The Renegadesin alunperin 1965 julkaisemasta kappaleesta "My Heart Must Do the Crying". Muistin iskelmän lapsuudestani 60-luvulta, mutta mitään erityistä suhdetta minulla ei siihen ollut. Pidin kappaletta kuitenkin hyvänä valintana, koska se oli riittävän tuttu ja tunnettu, mutta ei liian tuttu. Kaikki eivät osaa biisiä kokonaan ulkomuistista, mutta ainakin useimmat pystyvät tapailemaan sen sanoja ja melodiaa mielessään. "Salattu suru" se olisi!*

Arvelin, että "Salattu suru" olisi konseptina ja sen toteutuksena yksinkertainen. Kiertäisin joka päivä uuden, tyhjän paperin koneeseeni, ja naputtelisin menemään. Mutta eihän se niin mennyt. Kaksi asiaa piti ratkaista heti alkajaisiksi. Ensinnäkin, mistä saisin iskelmän sanat, nyt ja heti, jotta pääsisin saman tien työn kimppuun? Toisaalta, miten suhtautuisin lyöntivirheisiin? Painettua versiota sanoituksesta minulla ei ollut, eikä kirjastostakaan ollut siihen hätään apua, koska projekti piti saattaa saman tien liikkeelle. Kymmenen vuotta sitten ei ollut myöskään itsestään selvää, että minkä tahansa biisin sanoitukset löytyisivät internetistä. Tai jos löytyisivät, olisivatko ne "oikeassa" muodossa, eikä vain jonkun fanin korvakuulolta kopioimina, kuten useimmiten oli tapana? Ilmeni, ettei yhtä ainoaa, "alkuperäistä" versiota kappaleesta ollut olemassakaan (ainakaan verkossa). Verkkoon tallennetuissa ver-

---

* Itse asiassa residenssin aikana käynnistyi toinenkin pitempi projekti. Sen innoittajana toimi David Antin, hänkin käsitetaiteen veteraaneja. Hahmottelemani konseptin mukaan laadin kuusikohtaisen listan, jonka perusteella minun oli määrä kopioida tekstiä seuraavan päivän sanomalehdestä (otsikko sivulta X, kuvateksti osastosta Y, ensimmäinen virke palstalta Z jne.). En siis tiennyt, mitä kunkin päivän jäljennettävä teksti pitäisi sisällään; olin ainoastaan määritellyt paikan, mistä tulisin tekstin kopioimaan. Julkaisin kunkin päivän tulokset saman tien verkossa, ja kun kirjailijakollegani Reijo Valta huomasi mitä olin tekemässä, hän liittyi spontaanisti mukaan ja kopioi tekstit samojen periaatteiden mukaan omasta paikallislehdestään. Projektimme jatkui nelisen kuukautta eli vuodenvaihteeseen asti, ja sen dokumentaatio ilmestyi kirjan muodossa alkuvuodesta 2010 nimellä "Performanssin jälkeen" (Jyväs-Ainola).

sioissa ilmeni huojuntaa esimerkiksi välimerkkien mutta myös säejaon suhteen. Mikä versio olisi se, jota minun olisi syytä alkaa kopioida?

Vertasin suomennosta englanninkieliseen alkuperäistekstiin saadakseni selville, kuinka säejako tulisi suorittaa. Vertailu ei suonut yksiselitteistä vastausta, sillä erikielisissä tulkinnoissa tekstin rytmi ja painotukset menivät hiukan eri tavalla, ja esimerkiksi jonkin säkeen painollinen tavu saattoi osua suomen prosodian kannalta outoon paikkaan. Sitä paitsi suomennoksessa ilmeni eroja myös säkeistöjen välillä. Tavujen määrä oli eri ensimmäisessä ja toisessa säkeistössä, ja myös painot ajoittuivat eri kohtiin. Hankaluus lienee tuttua kaikille iskelmä-tekstien suomentajille, jotka joutuvat taivuttelemaan jambista englantia trokeiseksi suomeksi. Toisaalta tässä "virheessä" tai "poikkeamassa" saattoi piillä iskelmän viehätyksen salaisuus. Odotuksenvastainen rytmi synnytti jännitteen, ja fraseerauksen hallinta edellytti laulajalta erityistaitoja. Olin jo ottanut vuotta aiemmin aloittaneen Spotifyn käyttööni, joten pystyin saman tien vertailemaan Kim Brownin ja hänen suomalaisten kollegojensa fraseerausta, mutta suomennoksen kopioinnin ongelmaan ristiinkuuntelu ei tuonut yksiselitteistä ratkaisua. Niinpä päätin luoda säejaosta "oman" versioni ja pitäytyä siinä. Projektin ensisijainen ideahan oli toistaa jotain päivästä toiseen saman-laisena. Se, oliko kyseessä jonkin varmasti alkuperäisen kopioiminen, oli lopulta toissijaista. Kyseessä ei ollut alkuperäisen tekstin kopiointi sinänsä, vaan kopiointiprosessin dokumentointi. Dokumentointiperi-aate edellytti myös, että lyöntivirheet ja muut kopioinnissa tapahtuvat kömmähdykset tuli jättää näkyviin.

Jonkin aikaa kaikki meni suunnitelman mukaan. Naputin "Sala-tun surun" tekstiä joka päivä samaa periaatetta noudataen. (Merkit-sin päiväyksen ja kellonajan kunkin liuskan alareunaan, ja jos ja kun päivien ketjussa ilmenee aukkoja, se tarkoittaa, että vietin kyseiset päivät jossain muualla kuin residenssissä.) Näin jatkui, kunnes ryhdyin epäileväiseksi. Mitä oikeastaan olin tekemässä? Kopioinko iskelmäsuo-mennosta nimeltä "Salattu suru" vai omaa tulkintaani siitä? Entä jos olin kirjannut tekstin välimerkit ja säejaon "väärin"? Koska käytössäni ei ollut "auktorisoitua" tai painettua originaalia, eikö ollut ihan sama, missä muodossa naputin laulun sanat paperille? Päätin että oli, ja aloin ottaa vapauksia. Luopio mikä luopio. Kokeiden tulokset näette tässä.

Ensimmäiset varsinaiset poikkeamat tulivat näkyviin pari viikkoa residenssin alkamisen jälkeen. Yhtäkkiä ensimmäisen säkeistön loppu-

riveille ilmaantui muutos, joka ei enää ollutkaan pelkkä "lyöntivirhe".
Mitä laulussa oikeastaan sanotaan? "Mitä tunnen, sen muita huomaa-
masta estän" on koukeroinen ja iskelmälle tyypillinen tapa sanoa, että
varon tai kieltäydyn näyttämästä tunteitani. Samaan säkeeseen osuu
kuitenkin myös suomen kielen puherytmin vastainen poikkeama – kat-
kos tai tuskin huomaamaton tauko, jonka normaalipuheessa kuuluisi
sijoittua pilkun jälkeen, onkin siirtynyt sanojen "sen" ja "muita" väliin.
Mikä on oikea tapa ilmaista tämä paperille kirjoitettuna? Miten rivijako
tulisi suorittaa? Tämä on ankara kysymys, etenkin kun fraseeraus on
ratkaistu eri tavoin eri säkeiden ja eri säkeistöjen tapauksessa.

Seuraavina päivinä ja viikkoina pyrin etsimään ja esittämään
eri vaihtoehtoja näiden pulmien ratkaisemiseksi. Esimerkiksi siirsin
toisessa säkeistössä sanan "vain" kolmannen rivin lopusta neljännen
rivin alkuun. Toisinaan pelkkä toisenlainen rivijako riitti, toisin pai-
koin päädyin ääriradikaaliin ratkaisuun ja ilmaisin rytmin poikkeamia
rikkomalla sanat keskeltä kahdelle eri riville. Lopulta otin käyttöön
käsitteellisiä tai muita keinoja, joissa runo hajoaa melkein tunnistamat-
tomaksi. Toiseksi viimeinen eli 27. lokakuuta päivätty versio levisi pa-
perille lopulta niin totaalisesti, ettei se sopeutunut kirjan sivutaittoon;
paikka sille löytyi lopulta teoksen kannesta.

Kaksi kuukautta kestäneen projektin mittaan kävi ilmi, että "yksin-
kertainen" iskelmä olikin kaikkea muuta. "Salattu suru" oli rakenteel-
taan ja sisällöltään monimutkainen, eikä suostunut noin vain yhteen
muottiin. Iskelmän tapauksessa tämä lienee tyypillistä. Yhtä ainoaa
vakiintuneeseen muotoon valettua sanoitusta ei ole, koska artistien
tulkinnat eroavat toisistaan ja eri periaattein tehdyt sovitukset edellyt-
tävät tekstin muokkaamista, etenkin silloin kun siirrytään kielestä toi-
seen. Kiintoisaa on myös melkein huomaamaton muuntelu kappaleen
kertosäkeessä: "Voiko näyttää mies tätä taakkaa surun", laulaa Danny
vuonna 1966 levytetyn version ensimmäisessä kertosäkeessä, mutta
vaihtaa myöhemmin "surun" tilalle "muiston" (arvatenkin koska toi-
sessa säkeistössä puhutaan "muistoista"). Saman muunnelman tarjoaa
Yölinnun solisti Simo Silmu ainakin eräällä 1999 tallennetulla videolla,
mutta hän puhuu "muistosta" jo ensimmäisessä kertosäkeessä. Topi
Sorsakoski puolestaan laulaa "surusta" levytyksensä kaikissa kolmessa
kertosäkeessä.

Muutama sananen muusta. Iskelmän englanninkielisen originaa-
liversion esittäjä Kim Brown ja hänen orkesterinsa olivat alkujaan jo-

takuinkin tavallisia birminghamilaisrokkareita, ja Englannissa heidän menestyksensä jäi vaatimattomaksi. Suomessa kävi toisin. Renegades oli ensimmäisiä hysteriaa aiheuttaneita yhtyeitä maassamme. Vaikka suosio aikanaan hiipui, Kim Brown muutti myöhemmin pysyvästi Suomeen. Tästä en ollut lainkaan tietoinen. Pian residenssini jälkeen satuin kuitenkin istumaan kotikulmieni lähipubissa Helsingissä, kun joku vaivihkaa osoitti tuonnempana istuvaa vanhempaa herrasmiestä ja sanoi, että kyseessä oli Kim Brown, Renegadesin solisti. Brown kuulemma asui aivan naapurissa, ja olin myös nähnyt hänet monta kertaa samassa ravintolassa, mutta ilman käsitystä henkilöllisyydestä. Tieto oli hämmentävä. Vaikka Brown ja hänen yhtyeensä eivät olleet Beatlesin tai Rolling Stonesin veroisia supertähtiä, he olivat kuitenkin ensimmäisiä ulkomaisia rokkareita, joista minä tulin poikasena tietoiseksi. Tuntui kuin olisin ollut samassa tilassa Keith Richardsin tai John Lennonin kanssa. No, ainakin melkein. Siinä vaiheessa Brown oli jo sairastunut syöpään, mistä ulkoisena merkkinä näkyi kurkunpäähän tehty puhumista helpottava keinotekoinen reikä. Kim Brown kuoli Helsingissä lokakuussa 2011, siis kaksi vuotta residenssiaikani jälkeen.

Jäi siis kysymättä, mihin laulun "salattu" suru viittaa, jos mihinkään. Voihan olla, että kyseessä on "vain" mikä tahansa suru, jota päädymme hautomaan sydämessämme yksin, ilman että jaamme sitä kenenkään kanssa. Iskelmän suomennosta voi silti ihmetellä. Se on lyhyt ja koostuu vain muutaman asian toistosta. Sitä paitsi sanoituksen lauserakenne on äärimmäisen mutkikas, täynnä ymmärtämistä vaikeuttavia koukeroita ja täytesanoja, eikä sen merkityssisällöstä ota juurikaan tolkkua, ainakaan lukemalla tai edes kymmeniä kertoja tekstiä kopioimalla. (Kaiken kukkuraksi teksti alkaa sivulauseella, ja virkkeen subjekti tulee ilmi vasta verbin päätteessä eli viimeisessä tavussa.) Tekstin jakaminen säkeiksi ei tunnu sekään auttavan, ei vaikka sen tekisi useammalla eri tavalla. Paradoksi ja ihme on siinä, että laulun tekstin "ymmärtää" paremmin vasta laulettuna; runouden "järki" on erilainen kuin proosalauseiden suoraviivainen logiikka. Kuuntele vaikka.

Kului melkein kymmenen vuotta. Sillä välin Erikalla naputetut tekstit makasivat mykkinä ja puhumattomina sekä papereitteni kätköissä että skannattuina kuvina pilven hämärissä. Mitä minun pitäisi tietää ennen kuin laskisin ne tässä irti? Tiedostin kopioireeni toisen tai toisten tekstiä "luvatta". Kim Brownilta en älynnyt kysyä, kun se oli vielä mahdollista, ja nyt se oli jo myöhäistä. Entä laulun suomentaja

Kari Tuomisaari, riittäisikö hänen lupansa? Tammikuussa 2019 soitin vihdoin "Salatun surun" sanoittajalle. Yritin parhaani mukaan selittää, mitä olin tehnyt, ja tiedustelin hänen suostumustaan hankkeen julkaisemiselle. Lupa irtosi ilman muuta, ja Tuomisaari tuntui jopa viehättyvän yli puoli vuosisataa vanhan sanoituksensa uudesta elämästä. Toisaalta mitä väliä. Kaikki liittyy kaikkeen, eikä alkuperäistä ole, vaan kaikki on alun alkujaan ja lopulta kopiointia jostakin. Samaisesta lähteestä nimittäin luin, että Renegadesin kaksi ensimmäistä singleä olivat nekin luvattomasti omittuja kopioita toisten teoksista. Näin se menee. Ken kerran ryhtyy runouteen, saa varautua monenlaiseen murheeseen ja iloon.

Etelä-Haagassa 22.1.2019

Ajatella, aforismeja!

MATTI SAURAMA

Ajatella, aforismeja!

BoD

Helsinki

© 2018 Matti Saurama

Taitto ja kansi: Books on Demand

Kustantaja: BoD – Books on Demand, Helsinki, Suomi

Valmistaja: BoD – Books on Demand, Norderstedt, Saksa

ISBN: 978-952-800-423-3

Sanat tulevat itsestään.

Ajattele että olet olemassa.

Tarvittiin kokonainen maapallo, jotta voisin seistä tässä.

Raskas urakka. Pitää mennä sellaiseksi kuin on.

Luota huomiseen, kaikki on mahdotonta.

Puhutaan vihdoin totta, valehtele sinä ensiksi.

Olemalla jotakin miksikään ei tulla, tulemalla joksikin jotakin jo ollaan.

Joudut aina palaamaan ajatustesi varikolle korjaamaan käsityksiäsi.

Odota vain. Huomista ei tule.

Saippua opettaa.

Mutta minä pidän tästä. Ei niin etten minä tästä pääsisi.

Elämä on yhden kuvan sarja. Hetki syntymästä tähän päivään.

Yölläkin on valoisat puolensa, sinä vain et niitä näe.

Sylissä ohut kirja levittää siipensä. Minun ei sitä suojella tarvitse.

Ei ole yksiväristä lintua, itsestäänselvyyksiä ei ole.

Puun muoto on aina mahdoton.

Olen iloinen kun saan sinut, oksien signeeraama iltapäivä.

Kovin usein punnitaan niitä mahdollisuuksia joita ei cllut.

Sanotaan että kaiken olisi voinut tehdä toisin. Samat asiat eri asioiksi.

Kun on koira on hyvä olla.

Hedelmät taivuttavat puun. Tyhjä oksa nostaa itsensä.

Ihminen mieluummin pettää hiljaisesti kuin puolustaa äänekkäästi.

Katselen lumen pintaa. Ei toistaan tummempaa varjoa.

Rannan hiekka pakotettiin lasiksi pitämään vesi sisällään.

Puute ei poistu lisäyksin.

Päivällä ihminen väsyttää yötä.

Sanat nousevat itseään vastaan, teot nousevat kuolleista.
Meidän aikamme tulee meitä vastaan kun olemme sen ohittaneet.

Hetkellä jolla poliittisten realiteettien omaksuminen alkaa, kuuluvat
kuoleman ensimmäiset sydämenlyönnit.

Joskus sitä unohtaa olevansa ihminen, mutta kyllä kyläläiset
pian oikealle tielle ohjaavat.

Sydän kurkussa, kova pala elämä.

Suomalainen lyö päätään seinään hamaraan loppuun saakka.

Sano se, kaikkia sanoja ei ole tarkoitettu sanottaviksi.

Järvet ovat pohjavettämme, puut kasvavat pinoissakin,
taivas maan rajaama illuusio.

Puheen voimalla siirtyvät vuoretkin, mutta eivät palaa.

Talousluvuista huolimatta ei näy että olisimme
aidosti metsiimme pihkassa.
Ei ihastuksen hurmaa, ei kiintymyksen kantokykyä,
vain killingin kiilto.

Paussi, ajatuksen oppimestari.

Muutos on useimmiten niin huomaamaton,
että sen huomaa vasta kun on muuttunut.

Niin kauan kuin maailma on henkilökohtainen, se ei kehity.

Vain sukeltamalla voi päästä pinnan alle.

Kun toisesta kynttilänjalasta puuttuu kynttilä, sano kumman näet.
Tunnusta että et tiedä että et tiedä.

Pieni mies kiipeää korkeimmalle puuhun.

Kun silmiä siristää, näkee tarkemmin. Kun ne sulkee, näkee kaiken.

Paikat voi puhdistaa muutenkin kuin myrkyttämällä.

Tarkkarajainen ihminen on hyvä maalitaulu.

Pelko on paras pukea aamulla hyvin.

Korokkeelta ääni näkyy kauemmas.

Elämme taukojen aikaa.

Sokea pilkku silmässä on häviävän pieni. Taitava ihminen
osaa sen oikeaan kohdistaa.

Yöllä kaikki menettää merkityksensä, päivä menee sen etsintään.

Hitaus on vilun opetus.

Suru, narri jonka kyynel on aito.

Avaruuden valhe on utopia.

Pää, pimeä ulospäin.

Se riittää mikä on tarpeeksi.

Huomista on turha tänään syyttää.

Mistä syntyy ylemmyys? Veteen heitettynä jokaisella sama noste,
sama uppo.

Uteliaisuus rasvaa kielen ja värittää mielen.

Pelko sulkee portit ja hukkaa lopulta avaimet.

Ihminen on valmis vaikka räjäyttämään kaiken kunhan vain
epämiellyttävä totuus ei paljastuisi.

Ontelolaatan valmistuksessa suurin vaikeus on tyhjän tekeminen.

Seinän tehtävä ei ole suojata vaan erotella.

Pahansuopaisuus on pisaratartunta, jota vastaan on suojauduttava.

Pahansuopa on lika itsessään.

Opettele odottamaan. Opit senkin ajan.

Vain valonsäde elää varjotta.

Kun varpaita oikein paleltaa, ne ovat tulikuumat.

Juopumus saa unohtamaan, että juopumus ei auta.

Työ vapauttaa, vapaus teettää työtä.

Ystävyys on hyväksikäyttöä josta ei saa tuomiota.

Parhaat miehet eivät kuole ensimmäiseksi. Heidän vain huomaa
ensimmäiseksi kuolleen.

Tärkeintä lukemisessa on vähän väliä nostaa päänsä.

Romaanikirjailija esitteli omaelämäkertansa: tämä on omaani.

Runoilijan tehtävä on suunnaton.

Runoilijalle tekee hyvää saada rahasta väärin takaisin.

Kieli kertoo totuuden: nenä valuu.

Tosi on vain totta. Siksi on kirjallisuus.

Kieli on järjestyksessä kuin kuriton lapsi.

Hienojen ihmisten seura sai minutkin puhumaan huonost: suomea.

Tänne on kasvanut suusta ladattava sukupolvi.

Liikekieli, nykypäivän murre.

On eri asia oppia kuin että muuttuisi.

Ihmisiä katselemalla heistä saa hyvän kuvan.

Jos sitä katselisi ihmisiä sisältäpäin heitä ehkä kestäisi paremmin.
Samalla kuitenkin näkisi itsensä ulkoapäin
ja se taas saattaisi olla paha.

Maa on ilman pallo. Ilman ilmaa se olisi vain maa. Kuin ilmaa vain.

Uppoumarunkoinen ihminen väistää karikot
ja löytää turvallisesti satamaan.

Älä yritä liikaa, tee vain kaikkesi.

Katkeruus on petikavereista anteliain.

Mitään turhempaa kuin tärkeily en tiedä.

Mikä näky! Hirvi kuljettaa silhuettiaan pellon yli.

Putoan päivään polovilleni, helpottunut tunne hiestä märkä.
Kevät saa tul lal laa.

Tervehdit huomista, tänään.

Hyvästelet tämän päivän. Tavan mukaan, huomenna.

Jätin työni tekemättä seuraavan jatkaa.

Pelätään, että kaikki muuttuu kun mikään ei muutu.

Rohkeus ei ole sitä että uskaltaa sanoa, vaan että uskaltaa ajatella.

Selittäminen on selviytymiskeino. Totuuden kanssa sillä on
vain vähän tekemistä.

Ah, miten kateus lämmittää! Ympärivuorokautinen aurinko.

Väärällä tavalla suora ihminen ei menesty.

Elämä on kovin lyhyt oppimäärä.

Airot, puinen purje. Samassa kädessä tuulen voima ja veden vastus.

Anna linnulle siemen. Saat laulavan puutarhan.

Kysy kissalta, se on koiraa viisaampi. Kysy koiralta, se on
kissaa viisaampi.

Metsä pesee itseään. Vain vahvat linnut jäävät.

Huomaamaton lintu laulaa kauniin laulun.
Ei ole meillä varaa lunastaa sitä.

Kyllä sinä virheesi tiedät, muiden on vain saatava sanoa ne.

Jos muu ei auta, vyötärönauhaa voi kiristää.

Eläkkeellä tuolilta vedetään jalat alta.

Luonnevikaansa ei voita, ennen kuin tunnustaa sille tappionsa.

Lukisinko lehden, antaisinko eilisen täyttää tämän päivän?

Mieti tätä:
Jos sun ostoskeskususkostuskas joskus taskus laskus hellittäis.
Mieti sitä.

Kivi sanoi että kirkonmenojen aikaan saa hyvin kalaa.
Heitin rannassa
leipiä, ne jäivät pitkäksi aikaa pinnalle.

Hidas kansa tarvitsee takapihansa.

On helpompi käydä kylässä kuin asettua taloksi.

Elämän suola paljastaa haavat.

Pahanpuhujan henki jo voi tappaa.

Pieni ihminen ei ylety kumartamaan.

Puettu on piilotettu.

Raaka todellisuus kypsyttää, tilaisuus tekee ihmisen.

Kauneus on katsojan korvissa.

Yksinolo – tarve vai turmio?

Loukkaa mua syvältä se tuntuu niin hyvältä.

Hyvä ajatus on sellainen, jota luulee ensin omaksi.

Parempaa ihmistä kuin on meidän koira, en tiedä.

Itsenäisyys on sitä, että ei voi toista omista virheistä syyttää.

Onnettomuuksilta luullaan vältyttävän kun onnena ei enää
pidetä onnettomuuksilta välttymistä.

Suulas on atomeiksi hajonnut vahinko.

Naiselle narutettiin sädekehä, silmukka.

Maamme polttavin ongelma on huutava pula rakkaudesta.

Kuu harhailee taivaalla, virkaatekevä valo.

Liikunko minä vai liikkuuko maa?

Luonto tekee hyvää, ihminen ei.

Porsaan poika opettelee röhkimään.

Kirveen hiominen on jo tappamista.

Meillä on aina yksi yö enemmän, yksi aamu vähemmän.

Monet ihmiset ovat lyhyempiä kuin ovat.

Tämä maahan painautunut kansa ja sen
motkottamaan taipuvaiset edustajat.

Kun sen piti olla meitä varten, se on meidän vuoksi.

Elämä on yksinkertaista, henki käy kahteen suuntaan.
Pitää vain muistaa vuoroparit.

Suru on sammunut kynttilä.

Tyhjä verkko olalla, raskas taakka.

Kun kuuntelee herkeämättä, silmät aukeavat.

Viisastelu on huumorin sukulaisista tuppautuvin.

Rakkaus on auenneen käpylehmän kaltainen. Siitä kaikki alkaa.

Tilaa on, avaruuskin syvä ylöspäin.

Yön arkkitehti ottaa valosta mittaa.

Yltiöhulluttelussa piilee viisauden siemen.

Onnennumero on seitsemän, valehtelijan luku. Totta!

Suomalainen tiekartta: autot auttavat pakosalle,
pystysuora tie
laihtuu olemattomiin.

Suomi: vuodet piikkeinä lihassa, tappava elämä, eloonjättävä sota.

Suomen kieli on kivaa.
Sanat karkailevat kieleltä kuin lapset aitauksesta.

Taipuisa kieli lisääntyy. Yksi suomen vartalo, iso liuta perillisiä.

Sallittu Suomi, rikas te. Hyvää jo vuodesta 1917!

Ihmisistä saatiin tutkimustuloksia. Kansa hurrasi: tuon me jo
tiesimme itsekin. Kaikki olivat väärässä.

Se vain mikä on kesken, pitää hengissä.
Kaikki muu on albumin lehtiä.

Surullisinta olisi tuntea ilo vain nimeltä.

Ihmissuhteet on eri asia kuin ihmissuhde.

Koti: eteisen matto kävi lattialle pitkäkseen.

Rakkaus on hyvänlaatuinen löydös.

Rakkaus on viisas, panee tekemään tyhmiä asioita.

Kevennä taakkaasi, anna silmän kantaa.

Juokse päin, älä pois.

Rakkauden napitus näkyy puserosta.

Terve.
Lainasana luultavasti jostakin vieraasta kielestä.

Menen tästä työhöni, luonnostani en virka siellä mitään.

Kovin usein uljaasta kotkasta ajan mittaan kehittyy rääkkyvä korppi.

Kateus on yhden hengen talous.

Sammaloitunut ajatus voi tukahduttaa koko metsär.

Valta puraisee kuin teinirakas.
Sitten se haukkaa maan halkeaman lailla.

Monella on politiikka tukenaan niin kuin vainaja arkulla.

Vain yhdestä reunastaan kiinnitetty lippu voi liehua.

Koulutuksen alasajo kerää suosiota kuin surmanajo.

Kurjaliston kohtalona on suojata ylimystön takalisto.

Poliitikolla on hyvä olla päätä, jota käyttää, joskus häntäkin,
jota huiskuttaa.

Valta koostuu vallasväestä.
Siksi yleisistä asioista puhutaan sanomalla
niiden olevan vallalla.

Hallitus huutaa kilpailun nimeen, ihan hirnuu kun joku nousee
johtavan rinnalle.

Sisäänpäinlämpiävät puolueet on ohjattava ulkoruokintaan.

Poliitikoista ei voi kirjoittaa runoja. Ne tulevat niin vihaisiksi.

Ylivertaisuusaddiktit tallovat kaiken rikkaruohoiksi.

Edesvastuuton elämä ei muistiinpanoja lue, uppovarakas on
kaappiinsa lukittautunut.

Kateus kannattaa, se kasvaa hyvin korkoa.

Koskaan en ole nähnyt kauppiaan avaavan kassalla laukkuaan
molemminpuolisen luottamuksen merkiksi.

Monelle meistä sopisi pallolaajennus kolmisenkymmentä senttiä
sydämen yläpuolelle.

Matala mieli kohottaa kummasti.

Ajoankkuri on lähellä pohjakosketusta.

Kiusallista olla apina omilla harteilla.

Kuoreton ihminen on aina vereslihalla.

Aina ei tiedä mistä muistaa, ei muista mistä tietää.

Ajatus on nettiäkin nopeampi.

Ihmisten olisi syytä ryhtyä käymään säännöllisesti netinpoistossa.

Mitä ihmeellistä siinä on, että verkkosivuilla on aukko.

Internetin aiheuttama paha olo on vain jotenkin
googlattava kurkusta alas.

Nuori se etsii elämän tarkoitusta: e mail ei halmeill

Yläruumiinsa täyttäneet ovat alkaneet syödä uudelleen käsin.

Itsensä ylistäjällä on aina seuraa. Hän on yhtä tyhjän kanssa.

Lepää välillä. Jaksat paremmin, väsyä.

Sanan laskun maksaminen saattaa kestää ihmisiän.

Unen lahja on herääminen. Kirous.

Sinunkin varjosi on valossa väritön, pimeässä näkymätön.

Suomessa käytetään aivan liikaa rakkauden estolääkkeitä.

Otamme itsestämme valekuvia ja toivomme jonkun löytävän ne.

Laitoin elämääni solmuun,
jotta tietäisin mitä pitää aikanaan unohtaa.

Ojenna lapselle kätesi. Lapsi pitää sinut pystyssä.

Lapsen uni, jokaöinen kasvunpyrähdys.

Pienellä lapsella ei muuta pakkoa kuin yöpukupakko. Eikä sitäkään.

Kuusivuotiaan suu nauraa kuin varsiluuta. Täyttymys alkaa
tyhjennysharjoituksella.

Lapset on maailman tärkein suojelukohde.

Uni on lapsen päivän peili.

Pieni käsi, iltahämärän taskulamppu.

Leikki on elämän liekki.

Lapset on innostettava tekemään solmuja, ei avaamaan niitä.

Suurin kaikista on pienin.

Järjenkäyttö kasvatuksessa sallittu: eivät kalatkaan käy iltapesulla.

Altakasteleva sukupolvi. Satumaista joukkoa!

Grillimakkaran värinen koira huiskuttaa. Meille tulee nälkä.

Lapset ovat nerokkaita, tasoittavat vettä pituushyppypaikaksi.

Liian moni lapsi kulkee nuttu yhdessä nolauksessa neulottuna.

Aurinko painaa miljardi kiloa, tiesi ekaluokkalainen.

Sitten bee-puoli, sanoi muusikonalku ja käänsi suihkulle selkänsä.

Isovanhemmat puhaltavat lastenlasten lautasille ikään kuin
annoksiin sattuisi.

Koulussa harjoitellaan edelleen oppilaiden
evakuoimista todellisuudesta.

Uusi kurahoususukupolvi tarjoaa
uutta voiteluainetta yhteiskunnan rattaisiin:
ominta omaa hiekkaansa.

Parasta mitä on, että lasten tekee mieli.

Lääkäri on Jumalasta seuraava, ylöspäin.

Ero terveen ja lääkärin välillä on, että lääkäri ei koskaan tule
hulluksi. Hän menee.

Parempi että lääkäri tekee virheet tieten tahtoen. Uhkaavinta olisi jos
hän tekisi niitä tietämättään.

Itseoikeutettujen pimeyskin kimmeltää.

Ylemmyydentunne virkoaa kuin kuihtumassa ollut muovikukka.

Usko tai älä, uskonto on kaikkein epäuskoisin.

Rukoilet jumalaa leikit.

Uskovaiset ovat uskomattomia. Ne eivät usko mitään, niille
pitää aina todistaa.

Puhtaus on likaisinta mitä uskonnossa on.

Kristillinen selibaatti on elävälle samaa kuin lehtisahan käyttö
puutavarateollisuudessa.

Väänsin piikkilangasta orjantappurakruunua. Molemmat k:visti, pää
ja piikit. Ei tullut messiasta ei marttyyriä, tuli vain jatkuvasti verta.
Kärsimyksen kruunu sai pään pulppuamaan.

Markkinahenkinen kirkko siunaa kättenpäälletaputuksin.

Synti on häpeä ja takautuva maksu puhtaaksiraamatusta kirkosta.
Luunappi.

Siunaus on usein kiroukseksi, kirous siunaukseksi.

Armahtaisi jumala joskus ihmistä. Vaikka sitten oman itsensä vuoksi.

Kaikki asiat eivät esirukouksin ja vesijumpalla parane.

Pyhien arvojen pilkkaaminen on tärkeätä, paljastaa ajellut karvatkin.

Älä pelkää, sillä minä en ole sinun kanssasi.

Kullekin meistä on omat rukousnauhamme.

Mikä yllättävää ja uskomattominta, uskovaiset ovat myös
ihmisistä pirullisimpia.

En usko, mutta en tiedä.

Katso illalla ikkunaas ja piirrä siihen nimes. Siellä ystävä kallis sulle
vilkuttaa jos vain sille kättäs nostat.

Veto kävi, syksy otti hihasta. Iltamissa heitettiin käsikynkästä
kruunaa ja kraanaa.

Ystäväksi ei pyritä, ystävä ollaan.

Kun valo ei ole enää varjon tiellä, ruoho kaatuu kaiken yli.

Joutava aika, tyhjät tynnörit rohkaisevat vanteita.

Dervissi-efekti on tehokas tapa antaa kuva hurjasta menosta,
paikallaan.

Saaliseläimet vaanivat hetkeä. Niille ei riitä tulevat vuosikymmenet.

Monen oikeudet perustuvat toisten velvollisuuksille.

Paha saa palkkansa mikä on reilusti yli palvelualan keskiansion.

Pahuus on salakavala, se haluaa perustaa seurueen.

Ihminen on tyhmä, pitää luottaa toiseen.

Lintuparat. Puhelinlankoja ei enää ole.

Lempeyttä ei leivottu ylensyötäväksi.

Ei vika ole kynässä, paperi värittää.

Virheettömien ihmisten seurassa on raskas kulkea.

Hyökkäys on merkki heikkouden vallanhalusta.

Kuolema kuin avaruus, ei kaikuakaan vastassa.

Pitämällä ei mistään kiinni on tällä enemmän kuin ei mistään
kiinni pitäminen.

Eläke, työpaikan pullopalautus ei enää huolehdi tyhjistä.

Nenäkäs ajattelija pohtii: tähän pitäisi vielä haudata koira.

Itsetunnon hiivaksi perustettu katteeton tili räjäyttää pankin.

Pää pystyyn! huusi vääpeli juoksuhaudassa.

Yhä useammat uimarannat pyhitetään tänäkin
kesänä virtsaamistarkoituksiin.

Katkeruus kovankin onnen voittaa.

Kontrollifriikin elämä on pelottavan lähellä.

Avautua kuin sateenvarjo, suojaksi itselle.

Etäisyys teettää sillan jota ei tarvitse käyttää.

Ikä on vuosittain muokattava maaperä.

Älä kuvaa katso, maisema on taulun takana.

Luottamus on huomaamatonta, huomaavaista käytöstä.

Eivät ihmiset onnea kaipaa, he haluavat siitä kauppakirjan.

Jos voisit saada toisen nalkkiin, älä tee sitä. Olet seuraava.

Surullisen moni on saanut puolisokseen sydämen ahdistimen.

Maailma muuttuu. Serkkulikka on nyt serkkupoika,
äiti tyttärensä isä.

Vanhemmiten olen alkanut ymmärtää
etten välttämättä ole aina oikeassa.
Ymmärsin sen kun nuoret eivät ymmärtäneet etteivät
välttämättä ole oikeassa väärässä.

Kun elämä läikkyy yli, siitä on itkettävä vähän pois.

Tee tilaa toisille, saat sen. Vie tila toisilta, menetät sen.

Aika on ehdoton, elämästä ei voi ottaa koepalaa.

Rakkauden papiljotit on kierrettävä joka päivä uudelleen.

Kun on oikein tiukkaa, ei sukatkaan tahdo lähteä jalasta.

Ajatuksen silmäkulma värähtää, ote tiivistyy, ilma kiertää. Aforismi.

Paradoksi törmäyttää asiat toisiinsa särkemättä niitä.

Aforismi on ihmismielen ja maailmanmenon croquis´ta.

Paradoksi on poikittainen jakaus ajatuksen päälaella.

Aforismilla on suopea tehtävä: antaa ajattelemisen aihetta.

Jos ihminen clisi pelkkää henkeä, se vasta raskasta olisi.

Oi lukija, rakastelu kielenpäällä on taitolaji.

Olen vaarallinen vain vihoissani.

Ajatukseni ovat kiertueella, tässä on vain sanoja.

Ikuisuus on aina ajankohtainen.

Yöpäivä, uneton.

Kirjaimilla on väliä, koska ne ovat peräkkäin.

Väsyttää, sanoi uni aamulla.

Elämän voisi jättää tähän,
koska se ei lopu koskaan.

UUSIA LORUJA III

50 lorua vuodelta 2019

KIMMO PALO

© 2019 2.p Palo, Kimmo
Kustantaja: BoD – Books on Demand, Helsinki, Suomi
Valmistaja: BoD – Books on Demand, Norderstedt,
Saksa
ISBN: 978-952-80-0938-2

Käsillä olevan kirjan lorut näkivät päivänvalon
tammi-huhtikuussa 2019.
Joulukuulta 2017 olevat Elsa Huhtasen huolelliset ja
ansiokkaat piirrokset elävöittävät kirjaa.

SISÄLLYS:

RUKOUS ISIN PUOLESTA

Rakas Jumala, sinä Kaikkivaltias Luoja.
Paranna isin sydän, ja anna hänelle sydänsuoja...
...niin ettei kukaan voi enää särkeä hänen sydäntä.
Se ilahduttaisi häntä.
Ja tekisitkö siitä sydänsuojasta L-kokoisen, koska
mun isillä on suuri sydän.
Kiitos Jumala, kun olet olemassa ja kuulet tän.

RUOHO VIHREINTÄ AIDAN TÄLLÄ PUOLEN

"Kävin päivällä hankkimassa meille vihreääkin
vihreämmän keinonurmen."
"Huomasin sen.
Mutta miksi?"
"No siksi, ettei kumpikaan meistä kuvittelisi
pihapiiriämme reunustavan taikinamarja-aidan
tuolla puolen olevia ruohoja vihreämmiksi."

RASKAITA AJATUKSIA

"Tuu hissiin Pia."
"En mä taida...en jaksa uskoa että tää hissi jaksaa
kantaa yhtaikaa meitä molempia."
"Tä?"
"Emmä."
"Siis kuinka niin?...
...tää hissihän jaksaa kantaa 630 kiloa, joten tokihan
se ihan helposti nostaa meidät meidän kuudennen
kerroksen kotiin.
Tuu ny hissiin, ennenku tää ovi menee taas kii."
"En uskalla...mielessäni on nimittäin aivan liian
paljon raskaita ajatuksii."

TKU

TKU KAUKANA, ITKU LÄHELLÄ

"Tuossa sun liftikyltissäsi lukee isolla TKU...
...mutta kuvittelin näkeväni että siinä lukee ITKU."
"Olen vartoillut tässä jo pari tuntia, eikä ykskään
kuski välitä poimia kyytiinsä mua.
Joten kyl tässä alkaa pikku hiljaa tuntua siltä, että
ennemmin olen matkalla kohti itkua kuin Turkua."

HIDAS MUTTA NOPEA

"Tule nyt jo, olet hidasliikkeisimpiä ihmisiä mitä
tiedän, Jaana."
"Mitä, pidätkö sinä minua hitaana...
...ja minä kun ohitin viime viikolla kadulla Suomen
nopeimman miehen, vaikka käveltiin vielä samaan
suuntaanki."
"Hi hi hi."

KOHOTTAVA KOKEMUS

"Kalle...
...mitä sanoit tolle kuumailmapallonkuljettajalle?"
"Sanoin hänelle että tämä meidän kuumailmapal-
lolentomme oli mulle kohottava kokemus.
Siitäkin huolimatta, että toi lapsilauma ainakin
mun mielestä turhan levottomasti leikki ja remus.
Kuljettaja oli iloinen palautteestani, ja sanoi että
hän opiskeli kuumailmapallolentäjäksi juuri sen
takia, että kyseisessä ammatissa työpäivät kuluvat
itseä ja toisia kohottaen...
...ihan kirjaimellisestikin ottaen.
Hän oli aikoinaan kuullut jonkun kadunkulkijan
sanovan että: "Minä pyrin kohottamaan ihmisiä,
enkä latistamaan."
Tuo lause oli jäänyt hänen mieleensä, ja jo samana
iltana hän oli tehnyt vakaan päätöksen, että tulee
itsekin pyrkimään samaan."

PALAUTTEENANTO TAITEILIJALLE

"Siri, sinun silmiä sivelevä ja herkkäpiirteinen
hedelmäkoriasetelmasi kosketti minun sieluani
sangen omaleimaisella otteellaan, enkä löytänyt
netin pohjattomista syövereistäkään mielestäni
hienompaa hedelmäkoriasetelmaa, en vaikka
hartaasti hain."
"Kiitos Dakota ihanasta palautteestasi...se työ on
mun hedelmällisimmältä luomiskaudeltain."

HUUMEITA AJATUKSISSA

"Milloin se lento lähtikään kohti Baselia?...
...mitä nyt Zelia?"
"Noi tullisedät ei huomannu mun huumeita,
vaikka mulla on niitä paljo.
Eikä toi tullitätikään...toi, jolla on sateenvaljo."
"Mitä sä kulta hassuttelet, eihän sulla ole mitään
huumeita...kuten ei isällä, eikä minullakaan."
"Mulla on huumeita mun ajatuksissa...mutta mä
voin kyl heittää ne mun ajatuksien loskakoriin
koska vaan."
"No heitä ne sitten heti roskakoriin."
"Juu äiti, mä teen niin."

LÄHELLÄ ETÄIHASTUSTA

"Osmo, miksi ihmeessä sulla on kaukoputken
tähtäimessä toi vain kymmenen viidentoista
metrin päässä oleva basaari?"
"Siellä on tuo lilahuivinen etäihastukseni, joka
tuntuu olevan mulle yhtä etäinen ja saavuttamaton
kuin vaikkapa Kissansilmäsumu, tai kvasaari."

SATEENVARJO PÄÄN PÄÄLLÄ
PILVETTÖMÄLLÄ SÄÄLLÄ

"Miks sä annoit Amyalle käteen ton avatun
sateenvarjon, vaikkei täällä sada tipan tippaa?"
"Sen vuoksi, että maahanmuuttajille sataa täällä
päivittäin kaikenlaisia törkeyksiä ja loukkauksia,
sillä tämä Suomemmekin tuntuu valitettavasti
vieläkin olevan ainakin suvaitsevaisuusmielessä
henkisesti kovin kehittymätön maa."

BLONDIVITSI

Blondi on vastaanottokeskuksessa, ja lyö vasaralla
ilmaan pitkän tovin...miksi?
Hän on päättänyt rikkoa siellä olevan kielimuurin
palasiksi.

KULTAKIMPALE LEMMENJOELTA

"Löysin viime kesänä, heinäkuun 15. päivänä
Lemmenjoelta 55-kilon kultakimpaleen."
"Taisit juuri päästää suustasi valeen."
"En.
Minä todella löysin sieltä sellaisen...morsiamen."

ONNEN KUKKULOILLA

"Oon näköjään päässy eroon korkeiden paikkojen
kammostani."
"Kuinka ni?"
"No kun mua ei nyt huippaa, eikä yhtään yrjötä."
"Tä?
Mehän seistään nyt jalkakäytävällä...eli mun pääni
on alle kahden metrin korkeudella, ja niin on myös
sun pääs."
"Totta...mutta oon tällä hetkellä myös onneni
kukkuloilla, nääs."

5-VUOTIAAN KYSYMYS SILMÄLÄÄKÄRILLE

"Meela hei, mikä se oli se kysymys jonka haluaisit
kysyä silmälääkäriltä?...haluaisin kuulla sen."
"Jos menettää silmäteränsä, niin näkeekö sitä sen
jälkeen tylsänä kaiken?"

VESSAPAPERILORU 2

Näin sinut tänään ensimmäisen, ja ehkä viimeisen
kerran...ja jäin jälkeesi nyyhkimään.
Kyyneleet saa tulla pyyhkimään.

HELPPO LASKUTEHTÄVÄ

"Pietari, pitääkö paikkansa että sulla on ollut pää
kauttaaltaan kaljuna kakarasta saakka?"
"Pitää...olen halunnut helpottaa Raamatussa
mainittua hiustenlaskua, niin että hiustenlaskijalla
olis mahdollisimman kevyt laskutehtävätaakka." :)

LUOVUUS LUKOSSA

Säveltäjä alavireisenä vaimolleen iltapalalla: "On
kulunut jo viikkokausia, enkä ole vieläkään saarut
luovuuslukkoani avattua.
Saisinko lisää pensasmustikkaa ja vattua...
...mitä nyt Ella?"
"Ooksä yrittäny avata sitä sun luovuuslukkoa
nuottiavaimella?"

TUNKKI TUNNELMAN NOSTAJANA

"Risto, mitä sä sillä tunkilla täällä juhlissa teet?"
"No ku joku sano että täällä on raskas tunnelma,
niin mä kipaisin etsimässä lähimmän tunkin, ja
ajattelin nyt yrittää nostaa juhlatunnelmaa ainakin
vähän, vaikka en varmaan onnistu nostamaan sitä
noihin korkeuksiin mistä alkaa kattorakenteet."
"Hi hi.
Kyllä tuo sun tunkkitempauksesi ainakin mun
tunnelmaani jo nyt nosti." :)

BESS

Tämä loru on omistettu lämminhymyisimmälle
tietämälleni tytölle...sinulle Bess.
Maalaisitpa minut maisemaan, joka avautuu sinun
silmiesi edessä; ja maalaisitpa sinne kirkon, jossa
haluaisit mennä kanssani pian naimisiin, maalin
kuivuess'.

HATTUTEMPPU

"Miksköhän tuolla yhdellä pelaajalla on kädessään
taikurin taikasauva, ja päässään taikurin hattu...?"
"Hän oli kuulemma kännipäissään lyönyt kaverin
kanssa parista sadasta eurosta vetoa, että hän tekee
seuraavassa, eli tässä futispelissään hattutempun,
joten hän selvästikin haluaa noilla varusteillaan
varmistaa että hän tekee sen hattutempun, ennen
kuin tää peli on pelattu."

BLONDIVITSI 2

Miksi blondi kuljettaa tavallista postikorttia postiin
nokkakärryn kaa?
Hän on kirjoittanut korttiin tosi painavaa asiaa.

EI PUPUA PÖKSYISSÄ

"Paljastiko se kadulla alastomana juoksennellut
juippi alastomana juoksentelunsa syyn?"
"Hän halusi näyttää epäilijöilleen täysin
peittelemättömästi, ettei hänellä ole mennyt pupu
pöksyyn."

SOKEA AJATUSTENLUKIJA

"Saanks mä lisää pejunaa ja lientä, ja seitä?"
"Saat kulta...Bahiga, miksi sulla oli pihalla pääsi
ympärillä se paksu paperi, jossa oli kohopisteitä?"
"Noku me leikittiin telepatiaa...
...mun kivoimman leikkikavejin kaa.
Sen tytön nimi on Dea.
Mä piijsin ne pisteet siks että Dea vois lukea mun
ajatukset, ku Dea on sokea."

BLONDIVITSI 3

Miksi blondi istuskelee päivä toisensa perään
palautusautomaatin luona, ollen siellä ihar tyhjän
panttina vaan?
Hän tietysti odottaa että hänen maineensa ja
kunniansa tultaisiin palauttamaan.

HERÄTYSKELLO LUENNOITSIJAN PÖYDÄLLÄ

"Hei, miks teillä on toi herätyskello pöydällänne?"
"Kiitos kysymästä...toin sen ihan hyvästä syystä
tänne.
Tai syistä.
Ensinnäkin se voi täällä tarvittaessa herättää ne
mahdolliset torkkujat, jotka ovat nousseet turhan
väsyneinä sängyistä.
Tai ne teistä, joiden silmäluomet uhkaavat painua
muuten vain kii.
Ehkä johtuen luentoni tylsyydestä...ja toisekseen
tuon herätyskellon tarkoitus on herättää teissä
ajatuksii ja kysymyksii."

LEVEÄ HYMY

"Leevi, mitä ny?"
"Äiti, mä en ehkä mahdu kulkemaan Taivaaseen
siitä ahtaasta poltista, ku mullon niin levee hymy."

KOTI ISOSSA OMENASSA

"Asut kuulemma nykyään Yhdysvalloissa."
"Joo, mä oon ollu jo viis vuotta Suomesta poissa "
"No, onko elämäsi siellä makoisaa?"
"Kyllä vaa.
Onhan se nyt makoisaa kun kotini on Isossa
Omenassa."
"Ha ha."

LAIHIALAINEN LINSSIKEITTO

"Tämäkö siis on linssikeittoo?"
"Joo."
"Mutta ei mun silmiin osu linssin linssii, ja mä oon
kauhonu kauttaaltaan läpi tän keiton."
"Mutta ne onkin piilolinssejä, joita siinä keitossa
on."

UUSI AJATUSLAMPPU

"Onko teillä myytävänä ajatuslamppuja, ees yhtä
ajatuslamppuu?"
"Eipä oo...eikä tuu."
"Ai jaa."
"Sellaisia sä et varmaan mistään saa.
Sulla kävi nyt kehno flaksi."
"Voi harmi...mä oisin halunnu ostaa iskälle uuden
ajatuslampun lahjaksi.
Ku iskä sano eilen illalla äidille, että hänellä on
ajatuslamppu sammunu ihan kokonaan."
"Kyllä se sun isäsi sammunut ajatuslamppu vielä
syttyy uudestaan, usko vaan."

JOTTA ELÄMÄ NÄYTTÄISI RUUSUISELTA

"Oot näköjään ostanu ruusuja...ja vieläpä rutkasti."
"Joo...toivoa sopii että saan nää tässä kunnossa
määränpäähäni asti.
Nyt on meinaan vaarallisen liukkaat pyöräilytiet."
"Niin on...minne sää nuo kaikki oikein viet?"
"Tuonne tuon harjun taa.
Yks ystäväni valitti ettei hänen elämänsä näytä
ruusuiselta, joten aattelin viedä nää ruusut hänelle,
ja näyttää että kohta näyttää, ainaki jonkin aikaa."

VESSAPAPERILORU 3

Tulisit jo luokseni, mulla ei oo jäljellä montaa
elämää aikaa rakastaa sua; ehkä vain tämä yksi
ainua.
Jos tämä loru koskettaa sua, niin ethän anra tämän
vessanpöntöstä alas painua.

AIVOT NARIKASSA

"Miks sä maksoit äsken narikkamaksun, vaikket sä
jättäny sinne mitään, Toni?"
"Jätinpäs...jätin sinne aivoni."

SILMÄPELIÄ

"Pelasin eilen silmäpeliä yhen naisen kaa."
"Ahaa.
No kumpi voitti...vai tuliko tasapeli, eli rasti?"
"En tiedä...en katsellu peliä loppuun asti."

ISKUREPLIIKKI

"Hei, toivottavasti tähän saa istua...
...tulen tähän viereesi siksi, että kuulisit kuinka
kovasti sydämeni yrittää iskeä sua."

HUONE KAHDELLE HENGELLE

"Miksi sä otit kahden hengen huoneen, vaikka
yhden hengen huone olis ollu edullisempi, Leni?"
"No tietenkin halusin huoneen kahdelle hengelle,
mulle ja suojelusenkelilleni."

USKON MUUTENKIN ETTÄ ELÄMÄ ON UNTA

Maapallon ei tarvitse olla paikka, jossa kerelläkään
ei oo sukset ristissä kenenkään, ees itsensä karssa,
eli sodaton, rauhan ja rakkauden valtakunta...
...eikä minun tarvitse löytää vierelleni epäitsekästä
ja lämminsydämistä ja rakastamaan kykenevää
naista, uskoakseni että elämä on unta.

12 PAINALLUKSEN SYDÄNHOITO

Rakastan sua...
...vain nuo 12 pehmeää painallusta sinulta,
ja kipeä sydämeni alkaisi parantua.

ASKEETIKON ASKELMITTARI

"Kuule Ari...
...miksi sulla on lootusasennossa meditoidessasikin
vasempaan jalkaasi kiinnitettynä toi askelmittari?"
"Katsohan kulta...
...askelmittari on jalassani sitä varten, että voir siitä
tarkistaa olenko erehtynyt ottamaan harha-askelia
totuuden polulta." :D

LORU RAKASTAMISEN VAIKEUDESTA

Kysynpä tässä ihan muuten vaan...
...että kuinka monta sydämenlyöntiä minulla tai
sinulla pitäis olla jäljellä ennen kuin uskaltaisimme
antaa sydämemme koskettaa toisiaan...

LENTÄVIÄ LAUSEITA

Kirjailija oli kirjailijatreffeillä, ja päätti kiusallisen
hiljaisuuden alla murtaa jään:
"Kirjoitin sivukaupalla lentäviä lauseita tänään.
Lauseita, jotka lensivät roskikseen."
"Kuulostaa ihan siltä että voisit kirjoittaa lentävien
lauseiden kirjoittamisen aa bee ceen." :'D

SYDÄMENLÄMMITIN

"Kiitokseksi lahjoittamistani langoista, eräs
lämminsydäminen nainen neuloi minulle lahjaksi
tämän syvänpunaisen sydämenlämmittimen."
"Tuo näyttää aivan ihanalta...ja hän on näköjään
kirjaillut siihen sun nimen."
"Tällainen rakkausteko kyllä sulattaa sydämestäni
vähintäänkin kaiken pintakerroksen jään.
Tämä odottamaton lahja lämmitti sydäntäni lahjan
saadessani, ja tulee aina lämmittämään."

PELTILEHMÄLLE HEINÄÄ

"Vaimo, olin lähdössä aamulla autolla töihin, kun
huomasin että joku oli sullonu auton pako utkeen
heinää.
Teen tästä ilkivaltailmoituksen...tämä ei tähän jää."
"Anteeks isä, se olin mä. :(
Ku mä kuulin ku joku sano koulussa että auto on
peltilehmä.
Ni mä aattelin että sen pitää sitte saada ruokaa."
"Voi Usva sun kaa." :)

KIRJANPITÄJÄN NUORIMMAISEN TYTTÄREN RUKOUS

Kääntäisikö joku rakkaan isäni elämän tiimalasin
ylösalaisin, tai lisäisi sinne hiekkaa...
...jotta isäni ehtisi tehdä tilit selväksi itsensä
kanssa, ennen kuin hän jättää tämän maallisen
elämänsä selkänsä taa.

YHDEKSÄN HENGEN PINNASÄNKY

"Kuuntele mitä kummaa joku täällä netissä myy...
...yhdeksän hengen pinnasänkyy.
Ja kuvanottohetkellä sillä sängyllä loikoilee kissa...
...autuaan oloisena vähintäänkin puolinukuksissa."
"No onhan se silloin ainakin yhdeksän hengen
pinnasänky, ku siihen mahtuu kissa ja sen väitetyt
yhdeksän henkeä loikoilemaan.
Eikös vaan?"

SUOJELUSENKELIN ESIINTYMISPELKO

"Missäköhän Sulon suojelusenkeli oli silloin, kun
Sulo menehtyi tapaturmaisesti ensi-iltanäytöksessä
teatterilavalla..."
"En tiedä...ehkä Sulon suojelusenkelillä oli pelko
esiintyä teatteriyleisöläisten katseiden alla."

KOSIOLORU

Tulisitko lähemmäs,
en tunne sydämesi lyöntii.
Tulisitko 5500 mailia lähemmäs,
ihan ihooni kii.

UNILÄÄKKEET POIS

"Minne sä meet?"
"Vien apteekkiin hävitettäväksi kaikki mun
käyttämättömät unilääkkeet."
"Miksi?"
"Koska koen nämä nyt tarpeettomiksi.
Luin luotettavasta lähteestä että elämä on unta,
ihan ensimmäisestä henkäyksestä viimeiseen
henkäykseen.
Eli jos jo oon aina unessa, niin mitä mä näillä enää
teen..."

LORU RAKASTAMISEN VAIKEUDESTA 2

Laita sydämellesi käsi.
Kuinka kauas minun on mentävä, jotta onnistuisin
koskettamaan sydäntäsi...

KYNNYSKYSYMYS

"Kulta, jaksatko varmasti kantaa mut kotimme
kynnyksen yli häidemme jälkeen ensi lauantaina?"
"Luonnollisestikin...eihän enkeli mitään paina."

ÄIDILLE KAUNEIN KUKKA

"Kiitos kauniista äitienpäiväkortista Yona."
"Ole hyvä äiti...kaikki meidän luokalla teki oman
äitienpäiväkortin koulussa viime keskiviikkona.
Tiedäksä mikä kukka siinä kortissa o?"
"No ei tämä ainakaan oo valkovuokko, eikä ruusu,
eikä tulppaani, eikä kielo..."
"Se on huumorinkukka...ku mä oon kuullu ku joku
on sanonu että se on kaikista kaunein kukka, niir.
siks mä halusin piirtää sulle sen."
"Tuuhan Yona tänne, niin annan sulle lämpimän
halauksen."

"Ku mä kerroin mun luokkakaverille Olaville, että
huumorinkukka on kaunein kukka, ni Olavi sano
mulle että: "Sä piirsit meijän luokan kauneimman
kukan, vaikka sun kuvaamataidon arvosana on
meijän luokan heikoimpia, eli kuus.""
"Sehän oli Olavilta mitä kaunein kohteliaisuus."